Libro del alumno
Lektionswortschatz

Folgende Abkürzungen werden verwendet:
Adv.   Adverb
f.   femenin
LA   Lateinamerika
ugs.   umgangssprachlich
s.   sich
wörtl.   wörtlich

Unidad 1

desenvolverse — sich entwickeln, *hier:* zurechtkommen

1 No queda ni rastro

ni rastro *(ugs.)* — keine Spur

1.1.

adquirir — erlangen, *hier:* erwerben
degustar — kosten, probieren
cubierto/-a — bedeckt

1.1.1.

pintoresco/-a — malerisch
bullicioso/-a — laut, quirlig, unruhig
el mercadillo — Flohmarkt
castizo/-a — volkstümlich
el zoco — Marktplatz
el candil — Öllampe
el tebeo — Comic(heft)
el empujón — Stoß
el regateo — Handeln
el barquillo — (Eis-)Waffel
el organillo — Drehorgel
la taberna — Kneipe
la tasca — Kneipe
el mesón — Gasthaus
arraigado/-a — verwurzelt

1.1.2.

el grito — Schrei
la risa — Lachen
alumbrar — leuchten
la mecha — Docht

1.2.

regatear — handeln
la bota de vino — lederne Weintasche
razonable — vernünftig, *hier:* angemessen
desorbitado/-a — übertrieben
el descuento — Rabatt

1.3.

descalzarse — s. die Schuhe ausziehen

1.5.

el taco *(ugs.)* — Schimpfwort
la barra (del bar) — Theke
tender a — neigen zu

2 Y... ¿qué te pasó?

2.1.

la traba — Hindernis
debido a — wegen
la infección — Infektion
el pudor — Schamhaftigkeit
culinario/-a — kulinarisch
la mente — Geist, Verstand

© Hueber Verlag 2004

2.3.

la veintena	zwanzig Stück, *hier:* in den Zwanzigern *(Lebensalter)*
el ramo	Strauß

2.5.

indiscreto/-a	schwatzhaft, *hier:* taktlos
descortés	unhöflich
el brindis	Zutrinken, Prost
el/la aguafiestas	Spielverderber/in
juguetear	herumspielen
invadir	überfallen, *hier:* eindringen
el espacio vital	Lebensraum

AUTOEVALUACIÓN

detectado/-a	entdeckt

3 Allí donde fueres, haz lo que vieres

Allí donde fueres, haz lo que vieres.	Dort wo du bist, tu was du siehst.

3.1.

avinagrarse	sauer werden, *hier:* missmutig werden
el/la anfitrión/a	Gastgeber/in
brindar	anstoßen
vinícolo/-a	den Weinbau betreffend
abstemio/-a	abstinent
el esfuerzo	Anstrengung, *hier:* Bemühung

3.2.1.

regirse por	s. richten nach
tirar de	ziehen an
la verbena	Fest
el "mini" *(ugs.)*	Flasche Bier, deren Inhalt gemeinsam getrunken wird

3.3.

a lo largo	der Länge nach
a lo ancho	der Breite nach
el globo	(Luft-)Ballon, *hier:* Erdball

Unidad 2

1 Buscando en el baúl de los recuerdos

el baúl — Truhe

1.1.

el lazo	Schlinge, *hier:* Band
darse cuenta de	(be)merken
cursi	affektiert, kitschig
el pleistoceno	Pleistozän
la pepona	große Puppe
el remolino	(Haar-)Wirbel
la tos ferina	Keuchhusten
el cierzo	Nord(ost)wind
el magnolio	Magnolie(nbaum)
trasplantar	umpflanzen
el gato siamés	Siamkatze

1.2.1.

la inmediatez	Unmittelbarkeit
la rapidez	Schnelligkeit
la ejecución	Durchführung
al rato	kurz danach

1.3.

el/la cotilla *(ugs.)*	Klatschmaul
ocultar	verbergen
con pelos y señales	haargenau, haarklein

2 Un poco de literatura

2.1.

cortar por lo sano	das Übel an der Wurzel packen
contener	enthalten, *hier:* anhalten
la respiración	Atem
puro y duro	nur, ausschließlich
estupefaciente	betäubend
el decorado	Bühnenbild
estar a punto de	in Begriff sein zu
dicho y hecho	gesagt, getan

2.1.1.

la perplejidad	Verblüffung
la sierra	Säge, Gebirgskette
la herramienta	Werkzeug
la madera	Holz
el hierro	Eisen
el tapón	Verschluss, *hier:* Stöpsel
la gaseosa	Sodawasser, Sprudel
operar	*hier:* vorgehen
preso/-a	gefangen
brusco/-a	schroff, jäh
atardecer	(am Tag) dunkel werden
la cuneta	Straßengraben
la incertidumbre	Ungewissheit
el arranque	*hier:* Anlassen

3 Va de música

3.1.1.

el/la concertista — Konzertmusiker/in

3.2.

te toca — du bist dran

4 Anécdotas

4.2.

el noviazgo — Verlobungszeit, *hier:* Beziehung

4.3.

amanecer	(am Tag) dämmern
anochecer	dunkel, Nacht werden

5 Desaparecidos

5.2.

destituir	entlassen, *hier:* absetzen
implacable	unerbittlich
la persecución	Verfolgung
la captura	Festnahme
el/la militante	Aktivist/in
eliminar	beseitigen
el paradero	Aufenthaltsort, *hier:* Verbleib
sucesivo/-a	(aufeinander) folgend
sepultar	begraben
tan solo	nur
gestarse	s. entwickeln
la valentía	Mut
el verdugo	Henker, Scharfrichter
golpear	schlagen
secuestrar	entführen
correr la cortina	Vorhang zuziehen
el delito	Delikt, Verbrechen
leso/-a	verletzt
la trampa	Falle
engañar	betrügen
el atributo	Eigenschaft

5.3.

surgir	aufkommen
juntarse	s. versammeln, *hier:* s. zusammenschließen
presidir	den Vorsitz innehaben
darse a conocer	bekannt werden

5.4.

el/la celador/a	Parkwächter/in
el carro *(LA)*	Auto
pa' (para) *(ugs.)*	*hier:* nach
el tipo *(ugs.)*	Kerl
terco/-a	stur, trotzig
el matorral	Gebüsch, Dickicht
apretar	drücken
meterse con	ärgern, provozieren
el cuartel	Kaserne
acelerar	beschleunigen
el freno	Bremse

5.4.1.

el departamento *(LA)*	Wohnung
el testimonio	Zeugnis, Beweis
el campo de concentración	Konzentrationslager

Unidad 3

convencer	überzeugen
atraer	anziehen
animar	beleben
persuadir	überreden

1 Imperativamente

imperativamente *(Adv.)*	verpflichtend, obligatorisch

1.1.

el silbato	Pfeife

2 Busque y compare

2.1.1.

dirigirse a	s. wenden an
el aire acondicionado	Klimaanlage
los cascos	Kopfhörer

2.3.4.

posponer	nachstellen

3 ¡Relájate!

3.1.

el truco	Trick
mimar	verwöhnen
la altura	Höhe
el tacón	Schuhabsatz
cepillar	bürsten
el cepillo	Bürste
la cerda	Sau, *hier:* Borste
masajear	massieren
la planta	*hier:* Fußsohle
aplicar	*hier:* auftragen
la pedicura	Fußpflege

3.2.

estar relajado/-a	entspannt sein
la noción	Vorstellung, *hier:* Grundkenntnis
estar vivo/-a	lebend(ig) sein
estimulante	stimulierend, anstrengend
el biombo	spanische Wand
la viga	Balken
el techo	(Zimmer-)Decke

3.3.

quejica	wehleidig, nörgelnd
un montón *(ugs.)*	sehr viel, *wörtl.:* ein Haufen
la natación	Schwimmen
estirar	ziehen, *hier:* ausstrecken

3.4.

la cintura	Taille
la nuca	Nacken
la barbilla	Kinn
la cadera	Hüfte
el codo	Ellbogen
el hombro	Schulter
el riñón	Niere
el muslo	Oberschenkel
el abdomen	Unterleib, Bauch
los abdominales	Bauchmuskulatur
los glúteos	Gesäßmuskulatur
los pectorales	Brustmuskulatur
los gemelos	*hier:* Wadenmuskulatur

3.4.1.

doblar	biegen
contraer	zusammenziehen

3.4.2.

saltar a la cuerda	über das Seil springen

3.4.3.

verificar	überprüfen
hacerse daño	s. weh tun, s. verletzen

3.5.2.

la inspiración	Einatmen
la contracción	Zusammenziehen
el estiramiento	Ausstrecken, Dehnung
la relajación	Entspannung

la repetición	Wiederholung
el levantamiento	Hochheben
el lado	Seite
la pesa	Gewicht, Hantel
la tabla de ejercicios	Übungsfolge

3.6.

tonificar	stärken
pedalear	in die Pedale treten
avanzar	weitergehen

3.7.

la barriga	Bauch
el estómago	Magen
la celulitis	Zellulitis
aguantar	halten, *hier:* ertragen
la contractura	Zerrung
(alguien) caer bien/mal	(jemanden) leiden/ nicht leiden können
fofo/-a	schwabbelig

3.9.

sudar	schwitzen
el hueso	Knochen

Unidad 4

1 Que sea lo que Dios quiera

Que sea lo que Dios quiera. — Gottes Wille geschehe.

1.1.

el cliché	Klischee
polivalente	mehrwertig, *hier:* vielseitig
¡Que te mejores!	Gute Besserung!
¡Que cumplas muchos más!	Alles Gute (zum Geburtstag)!
¡Que lo pases bien!	Viel Spaß!
¡Que tengas suerte!	Viel Glück!, Toi, toi, toi!
¡Que aproveche!	Mahlzeit!, guten Appetit!
¡Que todo te salga bien!	Gutes Gelingen, Hals- und Beinbruch!
¡Que tengas buen viaje!	Gute Reise!
¡Que sueñes con los angelitos!	Schlaf gut!, Träum was Schönes!
¡Que te den!	Hau ab!
¡Que te vaya bien!	Alles Gute!
¡Y tú que lo veas!	Das musst du mir nicht erzählen!
¡Que te sea leve!	Es wird schon klappen!
¡Que seáis muy felices!	Alles Gute (zur Hochzeit)!
¡Que te diviertas!	Viel Spaß!
¡Que tengas una buena entrada y salida de año!	Guten Rutsch!, Gutes neues Jahr!
lúdico/-a	spielerisch

2 Que te sea leve

2.1.

ojalá	hoffentlich

2.1.1.

el deseo	Wunsch
la esperanza	Hoffnung

2.4.

tramitar	erledigen, abwickeln
la matrícula	*hier:* Immatrikulation
una mala pasada	einen bösen Streich

2.5.

examinarse	eine Prüfung machen, geprüft werden

3 Hacer codos

hacer codos *(ugs.)*	pauken

3.1.

la investigación	Forschung

3.1.1.

constar de	bestehen aus
repartirse	s. verteilen
Ciencias Sociales	Studiengänge der Sozialwissenschaften
Ciencias Jurídicas	Studiengänge der Rechtswissenschaften
Humanidades	Studiengänge bestimmter Geisteswissenschaften
Ciencias de la Salud	Studiengänge der Gesundheitswissenschaften
estar afiliado/-a a	Mitglied sein
el INEM (= Instituto Nacional de Empleo)	spanisches Arbeitsamt
colegiado/-a	in einer Berufskammer organisiert
prometedor/a	vielversprechend

3.1.2.

formar parte	gehören
dividir	teilen
componerse de	s. zusammensetzen, bestehen aus
inscrito/-a	eingeschrieben

4 ¡Venga! ¡Ánimo!

¡Ánimo! — Kopf hoch!

4.1.

constatar — bestätigen

4.1.2.

aprobar — (eine Prüfung) bestehen
Tampoco es para tanto. — So schlimm ist es nun auch wieder nicht.
¡Tú flipas! *(ugs.)* — Du spinnst!
¡Tú alucinas! *(ugs.)* — Das ist doch Unsinn!

4.2.2.

el escepticismo — Skepsis
la convocatoria — Ausschreibung
contar con — *hier:* verfügen über
la sala de ordenadores — Computerraum

AUTOEVALUACIÓN

equivalente — gleichwertig, entsprechend

Unidad 5

lamentarse — s. beklagen, jammern
la extrañeza — Befremden, Verwunderung
a lo mejor — womöglich, vielleicht
quizá — vielleicht

1 ¡Vete tú a saber!

¡Vete tú a saber! — Wer weiß!

1.1.

la suposición — Annahme, Vermutung
circular — (hin und her) fahren
la obra — Werkbau
la confirmación — Bestätigung

1.5.

a corto plazo — kurzfristig
a medio plazo — mittelfristig
ahorrar — sparen

2 Vacaciones por un tubo

...por un tubo *(ugs.)* — ... sehr viel, eine Menge

2.1.

la Semana Blanca — 7-tägige Schulferien im Februar
la mejora — Verbesserung
el/la escolar — Schüler/in
solicitar — bewerben, *hier:* beantragen
acortar — verkürzen
extraescolar — außerschulisch

2.1.1.

extenso/-a — weit, ausführlich

2.1.6.

la postura — Stellung, *hier:* Einstellung

3 ¡Vaya por Dios!

evitar	vermeiden, vorbeugen

3.2.

inverosímil	unglaubwürdig

3.4.

desastroso/-a	katastrophal

3.5.

la lamentación	Gejammer
el boletín	Amtsblatt, *hier:* Zeugnisheft

4 Puede que sí o puede que no

puede que...	vielleicht, womöglich ...

4.1.

la probabilidad	Wahrscheinlichkeit
seleccionar	auswählen

4.2.

impactante	von großer Wirkung, beeindruckend
renunciar a	verzichten auf
aceptar	annehmen, akzeptieren
desierto/-a	(menschen)leer, unbesiedelt
sin ninguna duda	ohne Zweifel
¡Ni hablar!	Das kommt nicht in Frage!

AUTOEVALUACIÓN

estar en tensión	angespannt sein

Unidad 6

indicar	anzeigen, hinweisen
el enigma	Rätsel

1 Quizás, quizás, quizás...

1.1.

puntuar	punkten, *hier:* benoten
la rata	Ratte
la combinación	Zusammenstellung
la arruga	Falte
maquillarse	s. schminken
el microondas	Mikrowelle
el/la extraterrestre	Außerirdische/r

1.1.1.

la locución	Wendung, *hier:* Ergänzung
tal vez	vielleicht
probable	wahrscheinlich
centrarse en	s. richten auf

1.2.

sensato/-a	besonnen, vernünftig
esperanzado/-a	voller Hoffnung
indiferente	gleichgültig
escéptico/-a	skeptisch
crédulo/-a	leichtgläubig
ingenuo/-a	naiv
incrédulo/-a	misstrauisch
pesimista	pessimistisch

2 Enigmas

2.1.

plantear	angehen, auslösen
clausurar	schließen
la rama	Zweig
procedente de	*hier:* aus, von
el centenar	Hundert
el misterio	Geheimnis
la conclusión	Abschluss, *hier:* Schlussfolgerung
la jornada	Arbeitstag
el fondo	Boden, Grund

la embarcación	Schiff, Wasserfahrzeug	la honra	Ehre
sobrenatural	übernatürlich	el adulterio	Ehebruch
deberse a	zurückgeführt werden auf, zurückgehen auf	la paliza	Prügel
		atreverse	s. trauen
encargarse de	s. kümmern um, erledigen	presenciar	sehen, beiwohnen

4.3.7.

archivar	ablegen, abheften, speichern	el buque	Schiff
residual	Rest-, Abfall-	el higuerón	großer Feigenbaum
la adivinación	Wahrsagerei	la llovizna	Nieselregen
avistar	sichten	tierno/-a	zart
el ovni (= objeto volador no identificado)	UFO (= Unknown Flying Object)	salpicar	besschmutzen
		la cagada	Kothaufen
el enamoramiento	Verliebtheit	soñar con	träumen von
la exaltación	Begeisterung, *hier:* Aufregung	el pormenor	Einzelheit
		el estaño	Zinn
la reproducción	Fortpflanzung	tropezar	stolpern
premonitorio/-a	vorwarnend	el almendro	Mandelbaum
la casualidad	Zufall	la reputación	Ruf
endemoniado/-a	vom Teufel besessen	certero/-a	zutreffend, *hier:* treffsicher
darse	vorkommen		
el Demonio	Teufel	ajeno/-a	fremd, von den anderen
la alucinación	Halluzination	en ayunas	nüchtern, mit leerem Magen

2.2.

		advertir	bemerken
resolver	lösen	el augurio	Vorzeichen
el/la preguntón/a	Frager/in, neugierige Person	aciago/-a	unheilvoll
		preceder	vorausgehen
la percepción	Wahrnehmung	el presagio	Omen, Vorahnung
cuyo/-a	dessen, deren	el sedimento	Sediment
comprometerse	s. involvieren, verwickeln	el estribo	Steigbügel, Trittbrett
		el cobre	Kupfer
		el paladar	Gaumen
		el estrago	Verwüstung
		la parranda	Trubel, Fest

4 La literatura y el cine

4.3.12.

liquidar	*hier:* auflösen
el estado anímico	Gemütszustand
la ruptura	(Ab-)Bruch
soleado/-a	sonnig
la prosperidad	Wohlstand
aludir a	anspielen auf
el apoyo	Halt, *hier:* Unterstützung

4.3.

subyacer	darunterliegen
provocar	provozieren, *hier:* anstiften, auslösen

4.3.3.

hay gato encerrado (ugs.)	hier ist etwas faul	el contratiempo	Zwischenfall
		el disgusto	*hier:* Unannehmlichkeit, Ärger
acusar	beschuldigen		
		superarse	sich selbst übertreffen

4.3.5.

		agobiante	bedrückend, aufdringlich
forastero/-a	fremd		
misógino/-a	frauenfeindlich	la obstrucción	Blockierung, Verstopfung
ligón	Frauenheld, Anmacher	la parálisis	Lähmung

la angustia	Beklemmung, Angst
perseguir	verfolgen
la gratitud	Dankbarkeit
fortalecer	stärken
demostrar	beweisen

AUTOEVALUACIÓN

el exponente	Beispiel
el diagnóstico	Diagnose
el más allá	Jenseits
la comprensión lectora	Leseverständnis

Unidad 7

destacar	hervorheben
enfático/-a	nachdrücklich

Estamos muy verdes   1

estar verde	unreif sein

1.1.

la sequía	Dürre
el reciclaje	Recycling
el envase	Verpackung
el contenedor	Container
la pila	*hier:* Batterie
el consumo	Verbrauch
contaminante	umweltverschmutzend
la protección	Schutz
el incendio	Brand
el daño	Schaden
la lata	Blech
la conservación	Erhaltung, Aufbewahrung
reciclar	wieder verwerten
la recogida	Einsammeln
las inundaciones	Hochwasser, Überschwemmung
el vertido	Abfall
la ONG (= Organización No Gubernamental)	NGO (= Non-governmental Organization)

1.4.

en función de	abhängig von
disminuir	nachlassen, verringern
reducir	reduzieren, abbauen, verkleinern
el gasto	Ausgabe
renovable	erneuerbar
(objeto) de usar y tirar	Wegwerfprodukt
retornable	Mehrweg-
en conclusión	kurz und gut, kurzum
fundir	schmelzen, gießen

1.5.

el agujero	Loch
la capa	Schicht
el ozono	Ozon
la restricción	Beschränkung, *hier:* Kürzung
la pila de botón	Knopfzelle
el olor	Geruch
¡Menos mal!	Gott sei Dank

1.6.

culpable	schuldig
tomar en serio	ernst nehmen

1.7.

el paraje	Ort, Gegend

2 Está más claro que el agua

2.1.1.

conflictivo/-a	konfliktbeladen, brisant

2.2.

prioritario/-a	vorrangig
la integración	Integration
el anonimato	Anonymität
la enumeración	Aufzählung
asimismo	auch
en cuanto a	in Bezug auf
en definitiva	letzten Endes

2.3.

mezclar	mischen

2.3.1.

la resonancia	Resonanz
cesar	enden, aufhören
costoso/-a	kostspielig, teuer
la perturbación	Störung

3 Tenemos voz y voto

tener voz y voto	mitreden dürfen

3.1.

emitir	ausstoßen

3.2.

congelar	einfrieren
la casa rural	Pension in ländlicher Umgebung

3.3.

el/la locutor/a	(Radio-)Sprecher/in

3.4.2.

la agresión	Angriff
el medio ambiente	Umwelt
castigar	(be)strafen
exagerar	übertreiben
grave	schlimm, ernst

3.4.4.

la cartulina	(feine) Pappe

AUTOEVALUACIÓN

obsesionarse con	besessen sein von

Revisión (1)

Estamos en la onda

estar en la onda *(ugs.)*	Bescheid wissen
la onda	Welle *(Rundfunk)*
meterse en	hineinkommen in
crear	schaffen
el dial	Stationsskala
la sección	Teil, *hier:* Abteilung
grabar	aufnehmen

1

espiar	spionieren
desechar	wegwerfen, *hier:* ausschließen
identificativo/-a	identifizierend
el eslogan	Slogan
especificar	im Einzelnen darlegen, erläutern
la tertulia	Gesprächskreis
la sintonía	Abstimmung
vocalizar	klar und deutlich sprechen
ronco/-a	heiser, rau

4

la franja horaria	Zeitraum *(Rundfunk, TV)*

6

ensayar	proben

AUTOEVALUACIÓN

aplicar	anwenden
reflexionar	nachdenken, überlegen

Repetimos desde el principio

agotado/-a	erschöpft
calar	durchnässen

Unidad 8

el antecedente	Bezugswort

Hay que estar a la última 1

estar a la última (moda) „in" sein

1.1.

la pasarela	Laufsteg
la apuesta	Wette
el escaparate	Schaufenster
el lanzamiento	Wurf
la promoción	Förderung
la confección	Anfertigung, Konfektion
el desfile	Vorbeiziehen, *hier:* Modenschau
la carpa	Zelt
la difusión	Verbreitung
ocupar	einnehmen
la edición	Aus-, Auflage
la feria	Messe
el certamen	Wettbewerb, *hier:* Messe, Schau
integrarse	s. integrieren
la cobertura	Deckung
en conjunto	insgesamt

1.1.1.

el pase	Modenschau
imprescindible	unentbehrlich
el/la maniquí	Mannequin, Model
la comisión	*hier:* Ausschuss
el pasillo	Korridor, Gang
el estrado	Podium

1.2.

morenazo/-a	dunkelhäutig, farbig
estar cachas *(ugs.)*	kräftig sein
el palillo	Stöckchen
la chimenea	Kamin
la superstición	Aberglaube
mancharse	s. schmutzig machen, beflecken
supersticioso/-a	abergläubisch
el éxito	Erfolg

1.2.1.

generalizar	verallgemeinern
caracterizar	charakterisieren
la procedencia	Herkunft
la manga	Ärmel
la posesión	Besitz
el puesto	Platz, *hier:* Stellung
la ubicación	Stelle, Lage

1.3.

la opción	Wahl(möglichkeit)

2 ¡Que sea como sea, me da igual!

¡Que sea como sea...!	Wie es auch immer sein mag ...!

3 ¡Cambias de novio como de camisa!

3.2.

cómico/-a	lustig

3.2.1.

cortarse *(ugs.)*	verlegen werden

4 Quetzal

4.1.

apetecer	Lust haben
recorrer	durchqueren, bereisen
la variedad	Vielfalt
alucinante *(ugs.)*	klasse, unglaublich
copiar	abschreiben
escaso/-a	spärlich, knapp

4.3.

el tablero	Holztafel, *hier:* Spielbrett
el tiburón	Hai(fisch)
el ejército	Armee
el pepián	Gericht aus Guatemala aus Mais und Schweinefleisch
los chunchitos	Gericht aus Guatemala aus Maisklößen und Fleisch
el tapado	Gericht aus Guatemala aus Gemüse und Schweinefleisch
la palma	*hier:* Handfläche
el tambor	Trommel
el istmo	Landenge
la banda	Streifen, *hier:* Hangseite
la orquídea	Orchidee
la longitud	Länge

4.4.

monolingüe	einsprachig

5 ¿El hábito no hace al monje?

El hábito no hace al monje.	Das Äußere allein genügt nicht. (*wörtl.:* Das Kleid macht den Mönch nicht aus.)

5.4.

puntilloso/-a *(ugs.)*	empfindlich, genau
barullero/-a *(ugs.)*	wirr, für Unruhe sorgend
la firma	Firma, Unternehmen
varonil	männlich
la perdición	Verderben, Verderbnis
improvisar	improvisieren
el platino	Platin
transformable	umgestaltbar, verwandelbar

AUTOEVALUACIÓN

esforzarse	s. bemühen, anstrengen

Unidad 9

1. Cuando seas padre, comerás huevos

1.1.

la pensión	*hier:* Rente
la jubilación	Pensionierung
la infancia	Kindheit
el matrimonio	Ehe
el divorcio	Scheidung
el acné	Akne
el embarazo	Schwangerschaft
el juguete	Spielzeug
la artrosis	Arthrose
el hombre del saco	Buhmann
la pandilla	Bande, Clique
el ratoncito Pérez	„die kleine Ratte Pérez", Fantasiefigur für Kinder
emanciparse	s. emanzipieren
invisible	unsichtbar
las ganas	Lust
los/las mayores	Senioren/-innen

1.2.

echar de menos	vermissen
estar a punto de	in Begriff sein, zu

1.2.1.

coloquial	umgangssprachlich
en vez de	statt, anstatt von

1.3.

en cuanto	sobald
tan pronto como	sobald
ponerse a	anfangen zu
anterior	vorige/r
posterior	spätere/r

1.4.

la amabilidad	Freundlichkeit
la seriedad	Ernst, Ernsthaftigkeit
la disponibilidad	Verfügbarkeit
el agradecimiento	Dank

1.5.

ponerse de acuerdo	s. einigen
compaginar	vereinbaren, in Einklang bringen
el/la cascarrabias	Wüterich, *hier:* Meckerfritze, -tante
vaguear	faulenzen
asumir	übernehmen
la tarifa plana	Standleitung, Flat-Rate

1.6.

por enésima vez	zum zigsten Mal
el/la plusmarquista	Rekordhalter/in

1.6.1.

hipnotizar	hynoptisieren
la vuelta	*hier:* Umdrehung
aplaudir	applaudieren

1.7.

el inconveniente	Hindernis, *hier:* Unannehmlichkeit
hacerse mayor	älter, erwachsen werden
resentirse	leiden, nachfühlen, nachempfinden

1.7.1.

el bulto	Geschwulst
el esfuerzo	Anstrengung
la cuesta	Abhang

1.7.2.

envejecer	alt werden

2 Más sabe el diablo por viejo que por sabio

el diablo	Teufel
sabio/-a	weise

2.1.

la niñez	Kindheit
la adolescencia	Jugend

2.2.

el/la treintañero/-a	Person in den Dreißigern
el monte	Berg

2.2.1.

el/la bisnieto/-a	Urenkel/in

2.4.

apuñalar	erstechen
soplar	blasen, wehen
rebelarse	rebellieren, s. auflehnen
la magia	Magie, Zauber
la soledad	Einsamkeit
dejar en paz	in Ruhe lassen
mantenerse	s. halten
erguido/-a	aufrecht
endurecer	hart werden lassen
el junco	Binse
doblarse	s. biegen
resistir	standhalten, widerstehen
rendirse	s. ergeben
el pedazo	Stück
la locura	Wahnsinn

2.4.2.

el golpe	Schlag, Stoß

2.5.

arrepentirse	bereuen

2.5.1.

confesarse	die Beichte ablegen, *hier:* gestehen
los remordimientos	Gewissensbisse

3 Oráculos

el oráculo	Orakel

3.1.

el/la ilusionista	Zauberkünstler/in
la adivinanza	Rätsel

3.2.

indeciso/-a	unentschlossen
el cuervo	Rabe
anunciar	bekannt geben, ankündigen
caminar	zu Fuß gehen
la cola	Schwanz
la paloma	Taube
la vela	Kerze
las esposas	Handschellen

3.3.

la antigüedad	Alter
entero/-a	ganz
el lanzamiento	Wurf
indicar	anzeigen
apropiado/-a	geeignet
consultar	um Rat fragen
la cara	*hier:* Kopf
la cruz	*hier:* Zahl
a la inversa	umgekehrt
lanzar	werfen
par	gerade
impar	ungerade
lograr	erreichen
el anverso	Vorderseite
el reverso	Rückseite

3.3.2.

la clave	Schlüssel, Lösung

3.4.

entrever	ahnen, durchschauen
consolar	trösten

AUTOEVALUACIÓN

el burro	Esel
razonar	nachdenken, urteilen
la mota	Fleck
la cachava	Hirtenstab
la fuerza	Kraft
la tortuga	Schildkröte

Unidad 10

el motivo	Grund
negar	(ver)leugnen
el fastidio	Ärgernis
la resignación	Resignation
la conformidad	Übereinstimmung, Fügung
el mundo laboral	Arbeitswelt
la manía	Macke, fixe Idee

Cárgate de razón — 1

cargarse de	s. füllen, laden mit
la razón	*hier:* Recht

1.1.

estornudar	niesen
azotar	geißeln, *hier:* wüten
afectado/-a	betroffen
bendecir	segnen
derivar	s. umwandeln
el/la cirujano/-a	Chirurg/in
vestir de	s. in ... kleiden
repulsivo/-a	abstoßend, widerlich
debido a	wegen
la iluminación	Beleuchtung
estimar	schätzen
transcurrir	vergehen
la extinción	Erlöschen
el teclado	Tastatur
dado que	da, weil
la tecla	Taste
atascarse	verstopfen, *hier:* blockieren
teclear	tippen
deprisa	schnell, eilig

1.1.1.

la coleta	kurzer Schopf, *hier:* Zopf der Stierkämpfer
el botijo	Wasser-, Kühlkrug
llorar	weinen
el huracán	Orkan
constante	konstant, beharrlich
disciplinado/-a	diszipliniert
aplazar	vertagen

1.2.

la actitud	Haltung, Einstellung
el informe	Bericht
cancelar	absagen
estar de baja	krank geschrieben sein
el/la comercial	Handelsvertreter/in
el contrato	Vertrag
ser ascendido/-a	befördert werden
las horas extras	Überstunden
rendir	leisten
renovar	*hier:* verlängern
despedir	kündigen, entlassen

1.3.

el ataque al corazón	Herzinfarkt

1.4.

el despido	Kündigung
reajustar	umgestalten
la plantilla	*hier:* Belegschaft
el equipo	Team
la fusión	Fusion
discreto/-a	diskret, zurückhaltend
eficaz	wirksam, leistungsfähig
impuntual	unpünktlich
el absentismo laboral	Abwesenheit vom Arbeitsplatz
marcharse	weggehen

1.4.1.

simular	vortäuschen, *hier:* simulieren
intercambiar	austauschen
¡Qué agobio! *(ugs.)*	Was für eine Mühsal, Last!
¡Qué rollo! *(ugs.)*	Wie nervig!
¡Qué lata! *(ugs.)*	Wie ätzend!
¡Jo! *(ugs.)*	Scheiße, Mist!
¡Qué palo! *(ugs.)*	Das nervt!
¡Qué le vamos a hacer!	Man kann nichts machen!
Ya nos arreglaremos.	Das wird schon gehen.
Se veía venir.	Das war abzusehen.
¡Tómatelo con calma!	Immer mit der Ruhe!

1.5.

entrevistar	interviewen
el/la administrativo/-a	Verwaltungsangestellte/r
el puente	Brücke, *hier:* Brückentag

2 Mejor solo que mal acompañado

2.1.

la urbe	Stadt
sincronizar	synchronisieren
a todo correr	schnell, in aller Eile
el/la enano/-a	Zwerg
acotado/-a	abgegrenzt
salir pitando *(ugs.)*	eilig davonlaufen
molar *(ugs.)*	gefallen
infestado/-a	überschwemmt, voll
meter el clavo *(ugs.)*	abknöpfen
dar la lata	nerven
pasar de largo	außer Acht lassen
diminuto/-a	winzig
cobrar	kassieren

2.1.2.

el despertador	Wecker
decorar	schmücken
la asistenta	Putzfrau, Haushaltshilfe
mistol	Marke eines Spülmittels (Spanien)
el amoniaco	Ammoniak
la fregona	Wischmopp
el limpiacristales	Fensterputzmittel
el perro cazador	Jagdhund
el perro pastor	Schäferhund
el perro guardián	Wachhund
ladrador/a	bellend
mudo/-a	stumm
la radiografía	Röntgenaufnahme

3 ¡Porque lo valgo yo!

valer	wert sein

3.1.

desmentir	abstreiten
ambicioso/-a	ehrgeizig
exigente	anspruchsvoll
perfeccionista	perfektionistisch
protagonizar	spielen
perezoso/-a	faul, träge
el/la ginecólogo/-a	Frauenarzt/-ärztin
la revisión	*hier:* Untersuchung
envidiar	beneiden

3.1.1.

la aclaración	Erklärung

3.2.

el día festivo	Feiertag
intermedio/-a	dazwischenliegend
incrementar	erhöhen
el sueldo	Lohn, Gehalt

3.2.1.

la proposición	Vorschlag, Angebot
montar	*hier:* gründen
la fontanería	Klempnerei
forrarse *(ugs.)*	s. eine goldene Nase verdienen
los recursos humanos	Personalwesen
el párrafo	Textabsatz

4 ¡Cuánto lo siento!

4.1.

la cita	Termin
asistir a	teilnehmen an
la contabilidad	Buchhaltung
sustituir	ersetzen, *hier:* vertreten
sin falta	ganz sicher, unbedingt
la indisposición	Unpässlichkeit
la asistencia	Teilnahme
el cargo	*hier:* Amt, Posten
la disculpa	Entschuldigung
el curro *(ugs.)*	Arbeit
enterarse de	erfahren
con antelación	im Voraus
dar corte *(ugs.)*	peinlich sein
chatín *(ugs.)*	Kleines

4.1.1.

la despedida	Abschied
el encabezamiento	Briefkopf

4.1.2.

chato/-a *(ugs.)*	Kleine/r
dar recuerdos	grüßen
Lo prometido es deuda.	Versprochen ist versprochen.
la deuda	Schuld

4.2.

el/la mensajero/-a	Bote/-in
el/la funcionario/-a	Beamte/-in

5 ¡Porque lo digo yo!

5.1.

la tribu	Stamm
el/la bailarín/a	Tänzer/in
el/la guerrero/-a	Krieger/in
el/la ingeniero/-a agrónomo/-a	Diplomlandwirt/in
el cura	Pfarrer
macizo/-a *(ugs.)*	gut gebaut, knackig
el/la hechicero/-a	Zauberer/-in
superdotado/-a	hochbegabt
el/la banquero/-a	Bankier

AUTOEVALUACIÓN

el rasgo	Merkmal

Unidad 11

la consecuencia	Auswirkung, Folge
la reclamación	Beschwerde
argumentar	begründen, argumentieren
la estética	Ästhetik

1 Aunque la mona se vista de seda…

el/la mono/-a	Affe/Äffin
la seda	Seide

1.2.

el tejido	Stoff, *hier:* Gewebe
extirpar	entfernen
la rinoplastia	künstliche Nasenbildung, Rhinoplastik
el implante mamario/-a	Implantation Brust-
el/la anestesista	Anästhesist
la intervención	*hier:* Operation
la célula	Zelle
el pliegue	Falte
el surco	Furche
reproducirse	s. fortpflanzen

1.2.1.

en consecuencia	folglich, demnach
la revisión	Überprüfung
reparador/-a	verbessernd, aufbauend
en cambio	dagegen, stattdessen
correr a cargo de	auf … Rechnung gehen
por eso	deswegen
la liposucción	Fettabsaugen
encima	oben, *hier:* obendrein, außerdem

1.2.3.

en definitiva	letzten Endes
en suma	kurz und gut
a fin de (que)	damit
referente a	bezüglich

1.2.4.

facial	Gesichts-
hidratante	Feuchtigkeit spendend
enjabonar	einseifen
aclarar	*hier:* ausspülen
la mascarilla	Gesichtsmaske
el presupuesto	Haushaltsplan, *hier:* Budget
la variz	Krampfader
terso/-a	glatt, straff
firme	fest, stabil

2 En la salud y en la enfermedad

2.1.

el calmante	Beruhigungsmittel
la fractura	Fraktur
la convalecencia	Genesung
la inyección	Spritze
las paperas	Mumps
el constipado	Erkältung
el estornudo	Niesen
el derrame	Überlaufen, *hier:* Erguss
el botiquín	Hausapotheke
la camilla	Krankenbahre
el temblor	Zittern, Schütteln

2.3.1.

el/la testigo	Zeuge/-in

3 No hay mal que por bien no venga

No hay mal que por bien no venga.	Glück im Unglück.

3.1.

la olla a presión	Dampfkochtopf
reponerse	s. erholen

3.2.

el remedio	Abhilfe, Hilfsmittel
irritar	ärgern, *hier:* reizen
los polvos	Puder
el talco	Talk
el analgésico	Schmerzmittel
el cutis	Gesichtshaut
la rodaja	Scheibe
aliviar	mildern

la manzanilla	Kamillentee
el vómito	Erbrechen
brillante	glänzend, leuchtend
toser	husten
la nuez	(Wal-)Nuss
acelerar	beschleunigen
la alcachofa	Artischocke
la zanahoria	Möhre

3.3.

el/la vendedor/a a domicilio	Handelsvertreter/in
el maquillaje	Make-up
la sombra	Schatten
el rímel	Wimperntusche
el tónico	(Gesichts-)Wasser
el contorno	Kontur, Umriss
la barra de labios	Lippenstift
el disfraz	Verkleidung
la pintura	Malerei
atrapar	fangen, einfangen
el pozo	Brunnen, *hier:* Schacht
sentar (bien)	(gut) stehen

4 Toma cartas en el asunto

tomar cartas	s. einmischen

4.1.

a pesar de	trotz
sin embargo	trotzdem
hacer constar	bekunden
remitir	absenden, *hier:* zuschicken
la depilación	Enthaarung
el trato	Behandlung
hacer un favor	Gefallen tun
deplorable	bedauerlich, jämmerlich
invertir	investieren
el beneficio	Gewinn

4.2.

estimado/-a	geehrt
apreciado/-a	geschätzt, *hier:* geehrt
distinguido/-a	angesehen, *hier:* sehr geehrt
por la presente	hiermit
complacer	gefallen, erfreuen
el cariño	Zuneigung, Liebe
atentamente	mit freundlichen Grüßen

atento/-a	aufmerksam
cordial	herzlich
de antemano	im Voraus
por anticipado	im Voraus
el particular	Angelegenheit

5 Lo hago por y para ti

5.1.

obeso/-a	fettleibig
la grasa	Fett

5.1.1.

la plaza fija	unbefristete Stelle
el ambulatorio	Ambulanz
el colesterol	Cholesterin

6 Mójate

mojarse	Farbe bekennen

6.1.

orgulloso/-a	stolz

6.1.1.

empujar	stoßen, *hier:* drängen
preciso/-a	*hier:* notwendig
lucir	leuchten, *hier:* zur Schau stellen
el bronceado	Bräune

Unidad 12

rechazar	ablehnen
el ofrecimiento	Angebot

1. Bueno, bonito y barato

1.1.

la tableta	Tafel
el turrón	Nougatsüßigkeit zu Weihnachten
la almendra	Mandel

1.2.

admitir	annehmen, akzeptieren
la mensualidad	Monatsrate
en efectivo	in bar
en metálico	in bar
a plazos	auf Raten
al contado	bar
la liquidación	Ausverkauf

2. ¡Qué raro!

raro	seltsam, merkwürdig

2.1.

parecer	scheinen, aussehen

2.2.

la planta baja	Erdgeschoss
supervisar	beaufsichtigen
el/la distribuidor/a	Vertreter/in, Vertragshändler/in
la espuma de afeitar	Rasierschaum
el retraso	Verspätung
impresentable	nicht vorzeigbar
pesado/-a	schwer, *hier:* lästig
aparte de	abgesehen von
el tinte	Färbungsmittel

3. Comercio justo

3.2.

el comercio justo	fairer Handel
la zapatilla	Hausschuh
la esponja	Schwamm
la lufa	Kürbisfrucht
la circulación	Kreislauf
sanguíneo/-a	Blut-
impulsar	bewegen, *hier:* antreiben
promover	befördern
el cultivo	Anbau
el/la cooperante	Entwicklungshelfer/in
el remojo	Eintauchen, Einweichen
grueso/-a	dick
la semilla	Samen
el/la mulo/-a	Maulesel
la cosecha	Ernte
la gerencia	Geschäftsführung
acordar	vereinbaren
la hectárea	Hektar
la previsión	Vorhersage
la demanda	Nachfrage
el hilo	Faden
engrosar	vergrößern, vermehren
el valle	Tal
el puente colgante	Hängebrücke
apostar por	setzen auf
asesorar	beraten
atender	beachten, berücksichtigen

3.2.1.

las pérdidas	finanzieller Verlust
empeorar	verschlechtern

4. Mil gracias y muchas, muchas felicidades

4.1.

el comproviso	Verpflichtung
previo/-a	vorherige/r

4.2.

la enhorabuena	Glückwunsch

4.3.

la dama de honor	Brautjungfer

5 Compras y más compras

5.1.

el ahorro	Ersparnis
tacaño/-a	knauserig
compulsivo/-a	zwingend, Zwangs-

5.2.1.

el agarrado/-a *(ugs.)*	Geizhals
estar tirado/-a *(ugs.)*	spottbillig sein
costar un ojo de la cara	ein Vermögen kosten
estar sin blanca *(ugs.)*	keinen Pfennig haben
apretarse el cinturón	den Gürtel enger ziehen

5.2.2.

avaro/-a	geizig
circunstancialmente	unter Umständen

5.3.

derrochador/-a	verschwenderisch
caprichoso/-a	launenhaft
tiquismiquis	umständlich, willkürlich
moderado/-a	gemäßigt

5.3.1.

disponer de	verfügen über
el ansia *(f.)*	*hier:* Sehnsucht
el rendimiento	Leistung
moderar	mäßigen

6 Échame una mano, primo

echar una mano	helfen

6.1.

de todas formas	jedenfalls

6.2.

estropearse	kaputtgehen
¡Qué lío!	Was für ein Durcheinander!, Wie kompliziert!

7 De tal palo, tal astilla

De tal palo, tal astilla.	Der Apfel fällt nicht weit vom Stamm.

7.2.1.

la videoconsola	Playstation

7.2.2.

los bomberos	Feuerwehr
el tronco	Baumstamm
teledirigido	ferngesteuert

AUTOEVALUACIÓN

la intervención	Teilnahme
el guaperas *(ugs.)*	eitler/hübscher Mann

Revisión (2)

Busque, compare y... cómprelo

el manual de instrucciones	Bedienungsanleitung
trazar	ziehen, *hier:* skizzieren

1

la ventanilla	Schalterfenster
la palanca	Hebel
la pinza	Zange
la bisagra	Scharnier
el tornillo	Schraube
el botón	Knopf
la tuerca	Schraubenmutter
el altavoz	Lautsprecher
la pantalla	Schirm
el piloto	*hier:* Warnlampe
el interruptor	elektrischer Schalter
el objetivo	*hier:* (Foto-)Objektiv

5

la precaución	Vorsichtmaßnahme
frotar	reiben, scheuern
la ranura	Schlitz
la ventilación	Lüftung
fallar	*hier:* versagen

8

pijo/-a	Schickimicki
el/la obrero/-a	Arbeiter/in
esnob	versnobt

10

al alcance	in Reichweite

Grammatikausdrücke spanisch-deutsch

adjetivo	Adjektiv, Eigenschaftswort
adverbio	Adverb, Umstandswort
alfabeto	Alphabet
apócope	Apokope, Endverkürzung
artículo	Artikel, Begleiter
artículo determinado	bestimmter Artikel, bestimmter Begleiter
artículo indeterminado	unbestimmter Artikel, unbestimmter Begleiter
comparativo	Komparativ, 1. Steigerungsform
concordancia	Kongruenz, Übereinstimmung
condicional simple	Konditional, Bedingungsform
conjugación	Konjugation, Beugung (des Verbs)
conjunción	Konjunktion, Bindewort
conjunción causal	kausale, begründende Konjunktion
consonante	Konsonant Mitlaut
estilo indirecto	indirekte Rede
femenino	feminin, weiblich
futuro imperfecto	Futur I
futuro perfecto	Futur II, vollendetes Futur
género	Genus, Geschlecht
gerundio	Gerundium, Mittelwort der Gegenwart
imperativo	Imperativ, Befehlsform
imperativo afirmativo	affirmativer Imperativ, bejahende Befehlsform
imperativo negativo	negierender Imperativ, verneinende Befehlsform
indicativo	Indikativ, Wirklichkeitsform
infinitivo	Infinitiv, Grundform (des Verbs)
masculino	maskulin, männlich
morfología	Morphologie, Formenlehre
negación	Negation, Verneinung
objeto	Objekt, Satzgegenstand
objeto directo	direktes Objekt
objeto indirecto	indirektes Objekt
oración condicional	konditionaler, bedingender Nebensatz
oración de relativo	Relativsatz, bezüglicher Nebensatz
oración final	finaler, bezweckender Nebensatz
oración temporal	temporaler, zeitlicher Nebensatz
participio	Partizip, Mittelwort der Vergangenheit
perfecto	Perfekt, vollendete Gegenwart
perífrasis verbal	Verbalperiphrasen, verbale Umschreibung
perífrasis verbal de obligación	verbale Umschreibung, die eine Verpflichtung ausdrückt
plural	Plural, Mehrzahl
preposición	Präposition, Verhältniswort
presente	Präsens, Gegenwart
presente de subjuntivo	Subjuntivo Präsens
pretérito imperfecto	Imperfekt, unvollendete Vergangenheit
pretérito indefinido	Indefinido, historische Vergangenheit
pretérito perfecto	Perfekt, vollendete Gegenwart
pretérito perfecto de subjuntivo	Subjuntivo Perfekt
pretérito pluscuamperfecto	Plusquamperfekt, Vorvergangenheit
pronombre	Pronomen, Fürwort
pronombre demostrativo	Demonstrativpronomen, hinweisendes Fürwort
pronombre indefinido	Indefinitpronomen, unbestimmtes Fürwort
pronombre interrogativo	Interrogativpronomen, Fragefürwort
pronombre posesivo	Possessivpronomen, besitzanzeigendes Fürwort
pronombre sujeto	Subjektpronomen
reflexivo	reflexiv, rückbezüglich
singular	Singular, Einzahl
sujeto	Subjekt, Satzgegenstand
superlativo	Superlativ, 2. Steigerungsform
sustantivo	Substantiv, Hauptwort
verbo irregular	unregelmäßiges Verb, unregelmäßiges Zeitwort
verbo regular	regelmäßiges Verb, regelmäßiges Zeitwort
verbo	Verb, Zeitwort
vocal	Vokal, Selbstlaut